L'EMPEREUR

NAPOLÉON III

ET LE CONGRÈS

PARIS

IMPRIMERIE DE L. TINTERLIN ET C°

rue Neuve-des-Bons-Enfants, 3

L'EMPEREUR

NAPOLÉON III

ET

LE CONGRÈS

PARIS

E. DENTU, LIBRAIRE-ÉDITEUR

PALAIS-ROYAL, 17 ET 19, GALERIE D'ORLÉANS.

—

1863

Tous droits réservés.

L'EMPEREUR

NAPOLÉON III

ET LE CONGRÈS

I

Le discours de l'Empereur aux grands corps de l'État, et la lettre de Sa Majesté aux souverains, constituent l'un des plus graves événements des temps modernes. Ses conséquences seront exceptionnellement fécondes, si le Congrès redresse l'édifice politique de l'Europe ; exceptionnellement terribles et inévitables, si le Congrès ne se réunit pas ou se sépare sans avoir jeté les bases de cet édifice.

C'est que l'Empereur ne peut s'être proposé pour but de retracer une situation générale parfaitement connue ; mais bien de déclarer, au nom de la France, que cette situation intolérable ne saurait se prolonger ; qu'elle conduit fatalement à la guerre ; que plus on attendra, dans la défiance et les armements exagérés, des événements

soudains et irrésistibles, plus le péril deviendra redoutable, plus la guerre sera destructive : « les perfectionne-
ments de la civilisation liant chaque jour davantage les
peuples entre eux par la solidarité des intérêts matériels.»

Le discours et la lettre de l'Empereur contiennent donc ou
la paix du monde par un Congrès ou la guerre imminente.

En effet, le discours du 5 novembre, prononcé au nom
de la France, s'adresse à l'Europe tout entière; aux peuples ayant des aspirations légitimes, comme aux souverains dont il importe de garantir les droits; à ceux que
lient des devoirs sans règle, à ceux qui affichent des prétentions sans frein, comme à ceux qui invoquent des
droits sans titre, suivant les belles expressions de la lettre
de Napoléon III.

Cette lettre et ce discours ne font point l'un à l'autre
des commentaires. Ils forment un tout complet; ils sont
inséparables, sous peine de revêtir, chacun, un caractère
différent, fort accentué.

Supprimez le discours, la lettre aux souverains n'est
plus qu'une ouverture diplomatique dont l'histoire con-
temporaine fournit de nombreux exemples, et que la diplomatie peut refermer avec ses formes courtoises et ses
prudentes lenteurs.

Supprimez la lettre, le discours devient un manifeste
de la France à l'Europe; manifeste considéré sans aucun
doute comme très-menaçant par les cabinets, qui ne man-
queraient pas de le rapprocher de tous les actes analogues
ayant, depuis plus d'un demi-siècle, donné le signal des
luttes acharnées.

Le bon sens public a saisi spontanément et exprimé cette distinction en apparence subtile. Le 5 novembre, après la seule lecture du discours, l'opinion pressentait la guerre; le 10 novembre, après la publication de la lettre aux souverains, on croyait généralement que la paix pourrait se maintenir.

Pourquoi donc aujourd'hui de nouvelles craintes?

Les deux documents, retraçant avec la plus grande netteté la politique impériale, ne sont-ils pas connus du monde civilisé? N'ont-ils pas été accueillis par la plus sincère, par la plus expansive admiration?

Avec la franchise et la dignité de leur langage, — avec l'ampleur et l'élévation de leurs pensées, — avec leur tableau si vrai de l'état de l'Europe chancelante sur les débris des stipulations de Vienne, écroulées au Midi et à l'Ouest, méprisées au Nord, menacées partout, — avec la rigoureuse exactitude de leurs prédictions pour un avenir fatal et prochain, — avec leur réprobation de tout système préconçu, de tout projet ambitieux, — avec leur loyal appel à toutes les puissances européennes, au nom du fait seul de leur existence, sans tenir compte du nombre de leurs soldats, de leurs canons, de leurs vaisseaux, la lettre et le discours de l'Empereur ne sont-ils pas le symbole de la foi du dix-neuvième siècle?

Ne proposent-ils pas la sainte-alliance des souverains entre eux et des souverains avec les peuples; sainte-alliance mettant un frein aux prétentions, donnant un titre aux droits, une règle aux pouvoirs; sainte-alliance basée sur la tolérance chrétienne, si pompeusement invoquée par l'acte de 1815 qui n'a pas su la défendre contre les outrages ?

Sans doute, tout cela est incontestable, et Napoléon III vient d'écrire la plus belle page de son histoire.

Mais, si l'action diplomatique s'empare de la lettre de l'Empereur pour en paralyser les effets ; si les souverains ne sont pas d'accord sur les principes mêmes du droit européen ; si, d'accord sur ces principes, ils ne peuvent s'entendre sur leur application ; si, tout en acceptant la grande et généreuse pensée d'un Congrès, ils discutent son efficacité pratique ; s'ils le repoussent comme impuissant à modifier sans conflit les faits actuels, à imposer des sacrifices par sa seule autorité morale, à réformer les stipulations existantes, à rectifier les frontières sans demander aux moyens matériels de coercition la force nécessaire pour appliquer ses décrets... Que restera-t-il ?

Le discours du 5 novembre !

La déclaration modérée, mais ferme, faite à la face du monde, par une nation de quarante millions d'âmes, ayant une armée nombreuse, aguerrie, redoutable, que les conditions sur lesquelles repose l'édifice politique de l'Europe ont cessé de le soutenir, que des événements inévitables amèneront une guerre d'autant plus destructive que la situation la rendant fatale sera plus longtemps supportée.

Une telle déclaration ne se retire pas ; elle engage l'honneur et les intérêts de la France ; elle est nette et précise ; c'est la guerre au printemps.

II

Pendant quinze années, depuis le jour où la nation française a confié au Président de la République, puis à l'Empereur, le soin de ses destinées, le devoir de diriger sa politique, cette politique à l'étranger a principalement tendu vers le but, aussi nettement indiqué dans les actes que clairement exprimé par les paroles, d'éviter le fléau de la guerre.

Qu'on relise tous les discours de Napoléon III, du 9 octobre 1852, date à laquelle il exposait à Bordeaux les principes de l'Empire que la France se préparait à relever, au 5 novembre 1863, quand il affirme que les traités de 1815 ont cessé d'exister; qu'on étudie tous les documents de sa diplomatie, à partir de la lettre écrite le 18 août 1849 au colonel Edgard Ney sur les affaires de Rome, jusqu'à celle adressée le 4 novembre dernier aux souverains de l'Europe, il est impossible de ne pas demeurer convaincu des efforts incessants de l'Empereur pour maintenir la paix du monde; la paix telle qu'il la comprend, digne de lui-même et de la France; la paix avec toute sa sécurité; la paix qu'il n'est permis de rompre que pour défendre une grande cause, pour atteindre un grand résultat.

Cette vérité est éclatante pour tous.

Néanmoins, dans des intérêts et avec des passions qu'il ne nous convient pas de préciser, on a sourdement calomnié les paroles et la diplomatie de l'Empereur ; on a essayé de les présenter à la vieille Europe comme le modeste mais habile et fier manteau cachant l'épée d'Austerlitz et d'Iéna, prête pour de nouvelles batailles, couvrant, de ses plis, le plan froidement conçu d'une hasardeuse expédition à travers la Manche.

On a prêté au neveu du captif de la Sainte-Alliance les projets ambitieux du grand capitaine ; à l'ancien prisonnier de Ham, élevé à l'école de l'adversité, dans la méditation des devoirs des peuples et des souverains, la politique tortueuse d'un petit tyran d'un petit État de l'ancienne Italie. Dans les pensées profondes, justes, loyales de l'élu d'une grande nation, on affectait de craindre, sous les formes séduisantes, les piéges du *Prince* de Machiavel.

Tactique déplorable si malheureusement elle se fût adressée à un esprit moins ferme, moins modéré, moins sûr de lui-même, moins convaincu de ses devoirs envers le monde, envers la France, envers sa dynastie ; tactique produisant pour résultats inévitables l'union plus étroite de l'Empereur et de son peuple, les armements exagérés de toutes les puissances, donnant par une plus forte cohésion plus de poids à l'influence française dans le concert européen, et fomentant des soupçons pour fermer ce concert à cette influence ; conduisant ainsi à la paix suspendue, à la paix sans sécurité, à la paix sans franchise, à un état de choses qui ne pouvait durer.

En vain, passant, sous la pression d'événements indépendants de sa volonté, de ses théories à leur application, des discours soupçonnés aux actes les plus éclatants, l'Empereur fait-il la guerre en Crimée avec l'Angleterre et le Piémont, l'expédition de Syrie après s'être concerté avec les grandes puissances, celle de Chine avec l'Angleterre, celle de Cochinchine avec l'Espagne, celle du Mexique avec l'Espagne et l'Angleterre ; en vain, pour ne pas répercuter sur l'Europe les agitations de l'Italie, arrête-t-il ses armées triomphantes et signe-t-il la paix de Zurich sans y dévoiler plus qu'au congrès de Paris ses vues ambitieuses, sans y poser la moindre pierre d'attente pour les projets de domination et de conquêtes qu'on l'accuse de nourrir ; l'Europe ne désarme point et la défiance ne cesse de s'attacher à la politique de Napoléon III, malgré le caractère de désintéressement qu'il s'efforce de lui conserver.

Pendant quinze années, quel événement a surgi en Europe, sans que l'Empereur l'ait soumis au jugement de l'Europe ?

Quelle question a-t-il tranchée sans le concours des puissances ayant rédigé les traités de 1815 ? Quand est-il intervenu par les armes contre ces traités ?

En Italie !

Mais le Piémont allait périr, et son existence était sanctionnée par les stipulations de Vienne ; mais l'Autriche allait toucher nos frontières ; mais l'intérêt de la France était formellement engagé ; mais l'universalité des puissances signataires de ces stipulations, a reconnu le royaume d'Italie, et l'Empereur n'a fait comme elles, après l'Angleterre, qu'admettre les faits accomplis.

Est-ce qu'il a provoqué l'indépendance de la Grèce et de la Belgique, fomenté les révolutions de 1830 et de 1848, celle de Naples et l'insurrection polonaise ? Est-ce lui qui s'est opposé à ce que la Sainte-Alliance intervînt en France et en Belgique, partout où la force des événements a déchiré, avant son règne, des conventions sans principes certains, sans racines dans les intérêts moraux et dans les traditions nationales ?

Non, sans doute !

Ce n'est donc pas l'Empereur qui a ébranlé l'édifice de l'Europe. Il a tout fait pour le soutenir.

Ce n'est donc pas lui qui a troublé la paix du monde.

Ce n'est donc pas lui qui a rendu nécessaires les armements sans bornes sous lesquels fléchissent les finances des États.

Ce formidable déploiement de forces exagérées, cette incessante et fiévreuse recherche des moyens de destruction, ce trouble, cet ébranlement, ils ont leur cause dans l'absence d'un droit international consenti.

En 1815, la coalition, qui avait triomphé de nos armées, resserré nos frontières, changé notre dynastie, dont les troupes occupaient l'ancien empire de Napoléon Ier et les États alliés de cet empire, tenait entre ses mains l'avenir de l'Europe. Pourquoi n'a-t-elle pas alors définitivement assis la paix du monde ?

Il n'était pas un principe que la Révolution française n'eût soulevé, que l'Empire français n'eût jugé, accepté ou rejeté ; pas un peuple qui n'eût été profondément remué; pas une limite qui n'eût été déplacée. Tout ce que la France avait élevé, par vingt années de guerres heureuses, était rasé jusqu'aux fondements ; tout, excepté les principes qu'elle avait promulgués, qu'on était libre de recueillir.

Jamais, dans l'histoire, une circonstance aussi favorable ne s'était produite pour grouper les populations, sanctionner les droits et les devoirs.

Les grandes puissances, car elles imposèrent seules les traités de 1815, ont-elles tenu compte des aspirations des peuples ?

L'Angleterre a-t-elle essayé de faire prévaloir les principes qui, dans son île, faisaient sa grandeur ?

Sans armée pouvant agir seule et avec succès sur le continent, a-t-elle songé que l'Autriche, la France, la Prusse, la Russie, compromettraient tôt ou tard, par leurs convoitises, l'ordre qu'on voulait établir ?

L'Autriche, la Prusse et la Russie, sans marines militaires, ont-elles compté le nombre des vaisseaux de la Grande-Bretagne ? ont-elles stipulé la liberté des mers et la neutralité des détroits ?

Non !

Chaque souverain, d'après son influence et l'habileté de ses conseils, a saisi sa part d'hommes et de territoire, s'engageant à les gouverner d'après les préceptes de l'Évangile ; puis, d'un commun accord, on a décidé l'intervention partout où la révolution se montrerait ; et cette révolution, on s'est bien gardé de la définir.

Des institutions à donner à des groupes divers d'origine, de mœurs, de traditions, qu'on réunissait sous un même sceptre, nul ne paraît s'en être sérieusement occupé ; nul ne se doutait qu'il enfermait dans ses propres entrailles cette révolution qu'il croyait avoir vaincue.

Quand on eut arrangé, tant bien que mal, une Autriche et une Prusse rivales ; qu'on eut mis entre elles une Allemagne divisée de religions et de tendances ; qu'on eut médiocrement satisfait la Russie, amoindri la France, supprimé l'Italie, mécontenté la Suède, le Danemarck et presque tous les États secondaires, on crut avoir fondé l'équilibre européen.

Sur quoi ?

Sur la rivalité des quatre grandes puissances continentales, qui toutes, moins la France, allaient contenir des parties non assimilées ; sur la haine de la révolution confondue avec le progrès ; sur la légitimité des dynasties ; sur le silence des peuples, et sur le devoir absolu, obligatoire, d'intervention.

Les traités de 1815 n'eurent et ne pouvaient avoir, dans l'ordre moral politique, aucune action, aucune durée effective. On les applique à l'insurrection du royaume de Naples ; mais la Grèce s'insurge, la France fait une révolution, la Belgique se révolte contre la Hollande, et l'on voile les stipulations de Vienne. On fait plus, on intervient contre elles en Turquie et en Hollande.

Ce n'est donc pas l'Empereur Napoléon III qui a ébranlé les traités de 1815, et, certes, il n'a rien avancé de nouveau en déclarant le 5 novembre qu'ils avaient cessé d'exister. Ils n'ont eu qu'un moment d'existence pendant lequel l'Angleterre s'est fait ouvrir l'Escaut, garantir sa domination sur tous les points à sa convenance dans toutes les mers du monde; l'Autriche, la Prusse, la Russie ont partagé l'Europe entre elles et leurs alliés; puis, les stipulations de Vienne sont mortes, après avoir enfanté quelques faits purement matériels que des faits analogues devaient tôt ou tard modifier par les armes ou par les révolutions.

Il est bien faux de dire que ces traités supportent encore notre édifice politique et constituent le droit international. Pour constituer un droit, il faut procéder d'un principe universellement reconnu, consenti, dont l'inviolabilité puisse être efficacement défendue contre tous les outrages. Sur quel principe repose l'Europe de 1815 et, par conséquent, celle de 1863? Qu'on nous le dise?

Un fait peut toujours être remplacé par un autre fait. Le traité de Tilsitt, fait de guerre, a été supprimé par la guerre; mais les principes de 89 ont survécu à l'invasion de 1815. C'est qu'ils sont de droit supérieur, communs à toutes les nations, à tous les hommes. Ils renverseront toutes les dynasties qui persisteraient à les méconnaître, aussi sûrement qu'ils ont replacé les Napoléons sur le trône. On comprend dès lors que si, sur un point quelconque de l'Europe, ces principes, en ce qui touche au gouvernement des peuples, sont systématiquement atteints, les groupes de population souffrant de ces atteintes, tournent les regards vers l'Empereur, vers la France.

C'est ce qui rend notre nation suspecte aux admirateurs

des traités de 1815 ; ce qui a porté, même pendant la Res-
tauration, à exclure, quand on l'a pu, du concert européen,
et à n'admettre jamais nos souverains qu'avec une extrême
défiance dans ce concert. C'est ce qui fait accuser Napoléon III de projets ambitieux, parce que les principes,
bases de son élection nationale et de son droit dynastique,
lui donnent pour alliés naturels tous les peuples réunis de
fait par les stipulations de Vienne sous le sceptre des
grandes puissances, et qui ne sont point assimilés, et qui
aspirent soit à leur indépendance complète, soit à leur
rétrocession à d'autres États, soit à un gouvernement plus
conforme à leurs intérêts et à leurs mœurs.

— Les traités de 1815 dépourvus de force morale, parce
qu'ils ne reposent sur aucun principe supérieur ;

— L'équilibre de l'Europe calculé sur les rivalités des
grandes puissances, d'après leurs forces militaires plus
ou moins pondérées, de telle sorte que, si une seule arme,
toutes doivent armer, sous peine de compromettre cet
équilibre ;

— Le concert européen systématiquement fermé à l'universalité des gouvernements forcés d'après leur position
géographique de se mouvoir dans le rayon d'influence de
l'un des cinq grands États, et de vivre sous d'éternelles
appréhensions ;

— La France soupçonnée, parce que les traités de 1815
ont été faits contre elle, parce que son droit national et sa
dynastie sont, il faut bien l'écrire, la démonstration évidente de l'évidente impuissance de ces traités ;

— La paix de l'Europe incessamment menacée par la

nécessité pour notre nation de protéger partout les légitimes aspirations des peuples ; puisque partout, en vertu d'un principe supérieur et moral contre lequel elle ne pourrait réagir qu'en perdant toute influence à l'étranger, toute sécurité à l'intérieur, les légitimes aspirations des peuples comptent et ont le droit de compter sur l'appui de la France ;

— Cet appui, quelque formes qu'ait employées la diplomatie, quelque nécessités sociales qu'elle ait signalées, quelque considérations d'ordre éternel et pour ainsi dire divin qu'elle ait invoquées, cet appui n'ayant jamais été vu qu'avec répugnance par le concert européen ; et, les gouvernements qui forment ce concert, au lieu de s'unir à nous dans les arbitrages nécessaires entre les peuples et les souverains, de supprimer ainsi d'un seul coup la principale cause des rivalités et des défiances, ayant paru craindre que l'intervention pacifique qui nous était fatalement imposée ne déguisât un plan médité de remaniement de l'Europe par la guerre, au point de vue d'une vaste augmentation de notre territoire et de l'affaiblissement des États continentaux ;

Voilà, prises dans la situation actuelle de l'édifice politique de l'Europe, les raisons qui ont forcé l'Empereur, comme chef élu de la nation française, comme souverain héréditaire, à poser le 5 novembre, dans un langage aussi ferme que conciliant, ces deux alternatives :

Ou le Congrès, ou la guerre.

III

Mais la situation que nous venons d'examiner, dont la gravité est depuis si longtemps et si imprudemment méconnue en apparence, dont les dangers augmentent chaque jour, n'était-elle pas la même en 1849, en 1852, en 1856, en 1859 ? Pourquoi donc l'Empereur n'a-t-il pas tenu, en prenant place au fauteuil de la présidence, en montant sur le trône, après avoir successivement vaincu la Russie et l'Autriche, le discours qu'il vient de prononcer ? Pourquoi n'a-t-il pas dicté la lettre qu'il vient d'écrire ?

Napoléon III pouvait le faire, et cette politique avait près de lui plus d'un partisan. Il pouvait déclarer à l'Europe que la France avait subi les traités de 1815 après ses revers, mais qu'il lui convenait maintenant de les déchirer ; il pouvait jeter une armée dans la Bavière et dans la Prusse rhénanes, une armée et la révolution en Italie, la révolution en Pologne, en Hongrie, partout où s'agitaient les peuples, soit qu'ils fussent émus par des aspirations légitimes, soit qu'ils fussent égarés par des prétentions sans frein.

Il pouvait jouer, comme son illustre prédécesseur, ses destinées avec celles de sa patrie, et les soumettre au sort des batailles. Le succès n'était pas impossible, et le Congrès qu'on propose aujourd'hui fût naturellement sorti des lassitudes de la guerre.

Mais l'Empereur espérait mieux de la raison des nations et des souverains ; il comptait sur les lumières du siècle et sur leur bienfaisante influence. Pénétré des besoins de la civilisation et convaincu de la possibilité de son pacifique triomphe, il reculait devant l'alliance forcée avec les principes révolutionnaires, qui n'étaient ni les siens, ni ceux de la France, ni ceux de l'Europe libérale. Il avait reconnu que les rivalités des grandes puissances, le mauvais gouvernement d'un certain nombre de provinces, amèneraient tôt ou tard des événements qui permettraient à sa politique de se montrer à l'Europe avec tous les caractères du désintéressement, de la fermeté, de la justice et de la grandeur. La France, sous son règne, allait devenir trop puissante pour que rien dans le monde pût se faire sans elle. Napoléon se réservait de parler et d'agir de manière à concilier à sa nation et à sa dynastie le respect et la confiance de tous. Il voulait conquérir l'amitié des souverains et l'affection des peuples, de manière à ce qu'ils fussent portés à reconnaître, comme lui, les dangers imminents de la situation générale, la nécessité de concessions mutuelles au repos commun.

Cette politique était aussi digne que sage et, quelque résultat qu'elle atteigne, l'histoire la signalera à l'admiration et à la reconnaissance de la postérité !

Malheureusement pour les desseins de l'Empereur, l'édifice politique de l'Europe ne pouvait se consolider sans sacrifices, et la France n'en avait point à faire. Elle ne possédait plus rien par delà les Pyrénées, les Alpes, le Rhin et l'Escaut; elle n'avait point de provinces non assimilées.

C'est la connaissance approfondie et raisonnée de cette situation, de l'insuffisance de stipulations de Vienne et de la pensée des cabinets qui a tracé la ligne de conduite de Napoléon III; qui l'a porté, sans sacrifier rien de sa dignité et des intérêts de son empire, à ne point devancer les événements, à régler son action sur leur gravité, à les exposer tour à tour, à les résoudre avec le concours des puissances qu'ils intéressaient. L'Empereur espérait, sans aucun doute, redresser ainsi de concert avec les souverains et les peuples, et l'un après l'autre, tous les faits dangereux, conséquences de l'état de choses mal réglé en 1815, amener sans secousses le règne du droit, de la civilisation, et fonder enfin, dans un Congrès général n'ayant plus qu'à reconnaître des conventions partielles et basées sur les vrais principes, la confédération de l'Europe et la paix du monde. Magnifique rêve que les négociations ouvertes à propos de la Pologne ont fait évanouir en avortant.

Il n'y a plus d'illusions possibles. Les refus essuyés à Saint-Pétersbourg, on ne saurait s'exposer à les braver un jour à Vienne, à Londres, à Berlin. Le sang qui coule sur la Vistule, peut couler demain sur le Pô, sur le Danube, sur la Sprée, sur le Mein, sur le Bosphore. Le concert européen n'existe pas; il est impuissant à concilier, à décider, à imposer ses décisions, soit par la force morale,

soit par les armes. Le repos et les richesses de l'Europe sont dès lors à la merci d'événements soudains, irrésistibles, qui troublent le jugement et, suivant les rivalités, entraîneront les grands États dans des directions contraires.

Voilà pourquoi l'Empereur a patiemment attendu le 5 novembre 1863, avant de s'adresser directement au monde civilisé, avant d'en appeler personnellement aux souverains. Et cette lente réflexion, cette modération de quinze années, ajoutent encore à la solennelle gravité de cette adresse et de cet appel. Elles attestent l'inébranlable résolution de l'Empereur de sortir enfin d'un état qui n'est ni la paix, ni la guerre.

I V

Ainsi, la politique française a, nous l'avons vu, toujours été la même depuis 1849; elle a sans cesse poursuivi le même but par les mêmes moyens, sans accepter ce qui, dans les traités de 1815, était contraire aux vrais principes, sans réagir contre ce qui, dans les faits créés par les stipulations de Vienne, pouvait s'accorder avec ces principes.

Aussi loin de rêver la guerre que de vouloir la paix à tout prix, aussi loin des appétits révolutionnaires que des entêtements d'un autre âge, l'Empereur s'est efforcé, avec une persévérance qui ne s'est point démentie, de supprimer en France, par le concours de toutes les intelligences droites, honnêtes, libérales, les éléments de désordre et de haine, produits naturels de tant de révolutions; de supprimer en Europe, de concert avec les souverains, tous les éléments de conflit que des traités, rédigés à une époque où la raison publique était troublée par les violentes émotions de tant de guerres, avaient malheureusement méconnus.

Bien aveugles, bien hostiles, bien imprudents toujours ceux qui, dans le discours du 5 novembre et dans la lettre aux puissances, ne verraient qu'un expédient pour sortir

furtivement et d'une façon maladroitement habile des difficultés diplomatiques de la seule question polonaise, pour
ourner un obstacle qui ne tarderait pas à se dresser de
nouveau sur la voie de la conciliation et du progrès, pour
forcer de marcher plus longtemps et plus fatalement vers
la guerre sous le vain prétexte de vouloir la conjurer.

De tels expédients ne sont dignes ni de Napoléon III, ni
de la grande nation qui l'a placé sur le trône ; ils condui-
raient tout droit à une déconsidération et à une faiblesse
compromettantes pour notre honneur et nos intérêts.

Dans une situation aussi grave que celle où l'Europe
se trouve fatalement engagée, l'habileté c'est la franchise,
la modération c'est la fermeté, l'indispensable c'est la lumière. Il faut qu'on sache enfin s'il existe des projets se-
crets qui redoutent le grand jour ; il faut qu'on signale où
est le danger, où est le salut.

Eh bien ! c'est ce que demande l'Empereur !

Le refus, l'acceptation conditionnelle, l'acceptation par-
tielle ou générale du Congrès, c'est la lumière projetée sur
les intentions de tous, par un flambeau remis, non plus
entre les mains des grandes puissances qui peuvent
en incliner la flamme dans telle ou telle direction sous le
vent de leurs ambitieuses rivalités. Si le souffle d'une ou
de quelques-unes de ces rivalités éteint le flambeau, le
monde saura d'où la guerre est sortie et dans quel dessein ;
les alliances seront clairement indiquées, faciles à cimenter ; elles seront solides parce qu'elles seront sincères ; le
nœud des coalitions occultes sera tranché. Et s'il faut en
appeler de la raison à la force, si l'on ne peut se réunir

que dans l'épuisement de l'un des deux partis et sur des
ruines, si la science et le droit moderne ne peuvent triom-
pher de la barbarie que par les moyens barbares du passé,
si le plan belliqueux de Henri IV doit remplacer le bien-
faisant programme de Napoléon III, le monde saura dans
quel camp se trouve la civilisation ; et pour douter de son
triomphe, il faudrait désespérer à toujours de la sagesse
des peuples et de la sagacité des souverains.

V

Pour rendre le Congrès possible, pour qu'il reconstruise l'édifice politique de l'Europe sur des principes certains, sur des divisions territoriales rationnelles, pour cimenter l'alliance des gouvernements entre eux et des gouvernements avec leurs peuples, rien ne saurait coûter à l'Empereur, rien... que notre honneur et nos intérêts.

Les difficultés de forme seront ainsi très-facilement écartées ; en allant au devant de toutes les défiances, on supprimera tous leurs prétextes.

Il n'est pas douteux que le Congrès pourra se tenir dans toute autre ville que Paris au gré des souverains ; et la France, à ce sujet, n'élèvera aucune objection.

Il est certain qu'une fois admises les bases du travail à entreprendre par le Congrès, la France est prête à donner le signal du désarmement.

Et si notre nation n'a point à faire de sacrifices à l'Europe, elle peut, dès aujourd'hui, très-formellement déclarer quels sont les avantages qu'elle attend, donner à tous les preuves évidentes de son désintéressement. Il lui est facile d'indiquer nettement ce qu'elle désire ; puisqu'elle poursuit une organisation toute morale, reposant dans les faits sur la pratique d'un droit librement consenti ;

puisqu'elle demande la réduction des armées aux simples proportions des besoins de police et de sécurité intérieure.

Qu'importent dès lors les territoires plus ou moins étendus, les frontières plus ou moins naturelles et plus ou moins redoutables ! Ce qui est nécessaire, mais de nécessité absolue, c'est que ces territoires ne supportent et que ces frontières n'enferment que des peuples assimilés ou dont l'assimilation soit possible. Question délicate dont la France n'a point à préciser les détails ; l'Empereur ayant formellement déclaré être prêt, « sans système préconçu, à porter dans un conseil international l'esprit de modération et de justice, partage ordinaire de ceux qui ont suivi des épreuves diverses. »

Il est donc impossible de ne pas prévoir que si les grandes puissances, soit isolément, soit après une entente préalable, exigent avant toute chose que les bases du Congrès soient arrêtées dans une discussion ouverte entre les cabinets, elles changeront le caractère des propositions de l'Empereur. Il est évident que si ces grandes puissances demandent que les décisions du conseil international portent seulement sur les questions à l'état de conflit actuel, elles n'entendent tenir compte ni du discours du 5 novembre, ni de la lettre aux souverains.

Quoi qu'il arrive, la France aura rempli son devoir. Mais qu'arrivera-t-il ?

Comment les souverains et les hommes d'État accueilleront-ils les ouvertures de l'Empereur ?

Comment les peuples interpréteront-ils son discours ?

Le Congrès sera-t-il accepté ?

Sur quels principes reconstruira-t-il l'édifice politique de l'Europe?

Si cette reconstruction a lieu, par quels moyens pratiques maintiendra-t-on son équilibre?

Comment préviendra-t-on les risques de guerre, de révolutions ou de despotisme?

Dans quel roc imperméable creusera-t-on le lit de la civilisation?

Quelles digues rigides, si respectables en droit qu'elles ne puissent être contestées, ou si fortes en fait quelles ne puissent être rompues, opposera-t-on aux prétentions sans frein?

Quels sacrifices auront à faire les États?

A quels États seront demandés ces sacrifices?

Acceptera-t-on la carte de l'Europe telle qu'elle est tracée?

Modifiera-t-on cette carte?

D'après quels principes et quelles règles?

Tiendra-t-on compte des limites naturelles? calculera-t-on les frontières en étudiant les races, en les distinguant entre elles, en les groupant sous le même sceptre ou tout au moins sous les mêmes institutions?

Étudiera-t-on les traditions, les assimilations, les coutumes, au point de vue de ce qu'on appelle les nationalités?

Consultera-t-on les aspirations des peuples? Comment? Quel sera le juge et l'arbitre? Le Congrès seul ou le Congrès assisté du suffrage universel?

Par quelle sanction pratique le Congrès fera-t-il exécuter ses décisions? avant ou après le désarmement général?

Comment s'effectuera ce désarmement?

Combien de baïonnettes, combien de sabres, combien de canons, combien de vaisseaux chaque puissance pourra-t-elle entretenir?

Ce nombre sera-t-il calculé d'après l'étendue des territoires, la densité des populations, leur homogénéité, leur assimilation plus ou moins complète?

Admettra-t-on des principes antérieurs et supérieurs, d'ordre religieux et doctrinal, à la constitution européenne? Le Pape, par exemple, sera-t-il de droit souverain du patrimoine de Saint-Pierre?

Quelle force morale interviendra entre les peuples et les gouvernements?

Si les peuples ou les gouvernements méconnaissent cette force morale puisée dans l'Évangile par l'acte de la Sainte-Alliance, pratiquera-t-on l'abstention ou l'intervention? L'intervention comme à Naples en 1824 ou comme à Naples en 1860, toujours sous le règne des traités de 1815?

Comment s'établiront et se règleront les rapports de l'Europe fédérale avec les autres continents et les civilisations différentes? Chaque nation de l'Europe aura-t-elle le droit de faire, indifféremment et à son choix, la paix ou la guerre, en Chine, en Amérique, en Afrique, au Japon? Ce droit sera-t-il réservé à un conseil international, à une diète chargée de protéger au moyen de contingents fédéraux les possessions anglaises, françaises, portugaises, hollandaises, espagnoles, etc., sur toutes les côtes et dans toutes les mers?

Si ces questions, et nous en omettons de fort sérieuses, doivent être arrêtées, avant l'acceptation du Congrès, par des communications diplomatiques entre les cabinets des grandes puissances, communications dont les affaires de Pologne viennent de constater les douloureuses et inefficaces lenteurs, n'est-il pas à prévoir que le Congrès a toutes les chances de ne jamais se réunir ?

Si la majorité de ces grandes puissances faisait de ces communications préalables la condition formelle de leur acquiescement, si même cette condition était posée, comme *ultimatum*, par l'Angleterre ou la Russie, pourrait-on ne pas en conclure qu'elles aiment mieux courir les risques de la guerre qu'exposer franchement dans le conseil international les projets de leur politique ?

Ne serait-il pas permis à la France de craindre que le temps passé en échange de notes et de circulaires, ne soit employé contre elle à fomenter des coalitions assez compactes pour permettre de lui déclarer courtoisement que ses propositions sont chevaleresques, philanthropiques, mais irréalisables ; que les traités de 1815 sont pleins de virilité ; que le concert européen, qu'elle a voulu rompre pour en constituer un autre où elle espérait dominer avec l'appui des États secondaires, est décidé à maintenir les stipulations de Vienne dans toutes les parties dont il n'a pas lui-même provoqué ou sanctionné la réforme?

N'est-il pas à calculer que cette coalition aurait pour

but de condamner l'Empereur à une inaction blessante pour notre dignité ; de permettre aux partis à l'intérieur d'essayer de séparer la France de sa dynastie ; de forcer Napoléon III, pour une lutte suprême, à soulever partout la révolution au secours de ses armées ; de l'amener sur le Rhin dans une position analogue à celle qui s'est présentée devant lui sur les bords du Mincio ; de l'obliger à se jeter tête baissée sur la coalition, en arborant des principes qu'il a toujours repoussés, ou bien à reculer en froissant l'honneur et les intérêts de la France, et sans laisser derrière lui le prestige des victoires de Magenta et de Solferino ?

Qu'on y réfléchisse ! Nous ne croyons pas que les illusions soient possibles. Aucune situation dans l'histoire ne nous paraît plus nette et mieux éclairée par la lumière même des faits qui l'ont produite. L'enchaînement de ces faits entre eux n'a pas été troublé par les impatiences ou les aspirations de la politique de l'Empereur, quelle que fût dans l'origine sa pensée sur la valeur des traités de 1815. C'est la logique de cet enchaînement voulu par ces traités, subi ou protégé par les puissances les ayant inspirés et revêtus de leur signature, qui, lentement, logiquement, fatalement, a conduit à ce carrefour auquel l'Empereur ne découvre que deux issues menant, l'une à la paix par un Congrès international, l'autre à la guerre, terme fatal de la route que l'Europe suit depuis près d'un demi-siècle.

Qu'on y réfléchisse ! Le chef élu d'une nation de quarante millions d'âmes ne s'adresse pas en vain au monde civilisé.

Un homme d'Etat du génie de l'Empereur dédaigne les expédients sans grandeur et sans franchise, et ne se laisse point prendre dans les piéges usés d'une diplomatie sénile.

Si les grandes puissances ne veulent pas ou ne peuvent pas s'entendre, et rendent le Congrès impossible ou impuissant ; si elles ferment ou laissent se fermer d'elle-même la seule voie qui conduit à la paix ; si elles s'engagent, par l'obstination à maintenir un passé qui s'écroule, dans la voie qui, tôt ou tard, mène fatalement à la guerre : guerre pour guerre, la France et l'Empereur ont un intérêt décisif à ce qu'elle s'ouvre avant que l'impression produite sur les peuples par le discours du 5 novembre ne soit effacée.

Guerre pour guerre, la raison, comme la politique, veut qu'on la déclare au printemps.

FIN.